VENTE

APRÈS LE DÉCÈS DE M⁰ DES H⁰

EN VERTU D'ORDONNANCE D'EXPÉDIENT

Les Mardi 2, Mercredi 3, Jeudi 4, Vendredi 5
et Samedi 6 Juin 1896

à 2 heures

HOTEL DROUOT, SALLE N° 1

EXPOSITION PUBLIQUE

LE LUNDI 1ᵉʳ JUIN 1896

DE UNE HEURE ET DEMIE A SIX HEURES

<table>
<tr><td>COMMISSAIRE-PRISEUR</td><td>EXPERT</td></tr>
<tr><td>Mᵉ PAUL FOURNIER</td><td>M. VANNES</td></tr>
<tr><td>5, boulevard Sébastopol, 5</td><td>54, rue du Faubourg-Montmartre, 54</td></tr>
</table>

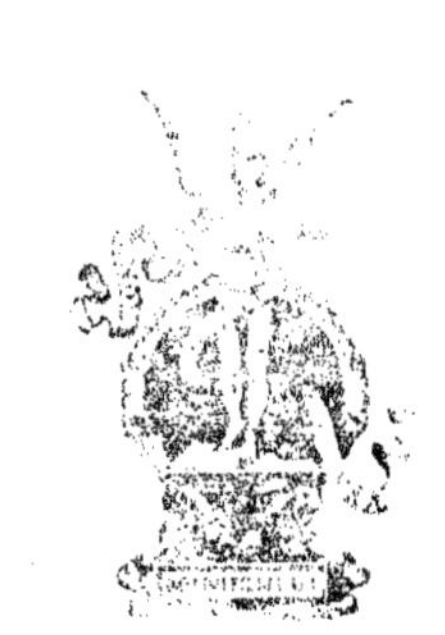

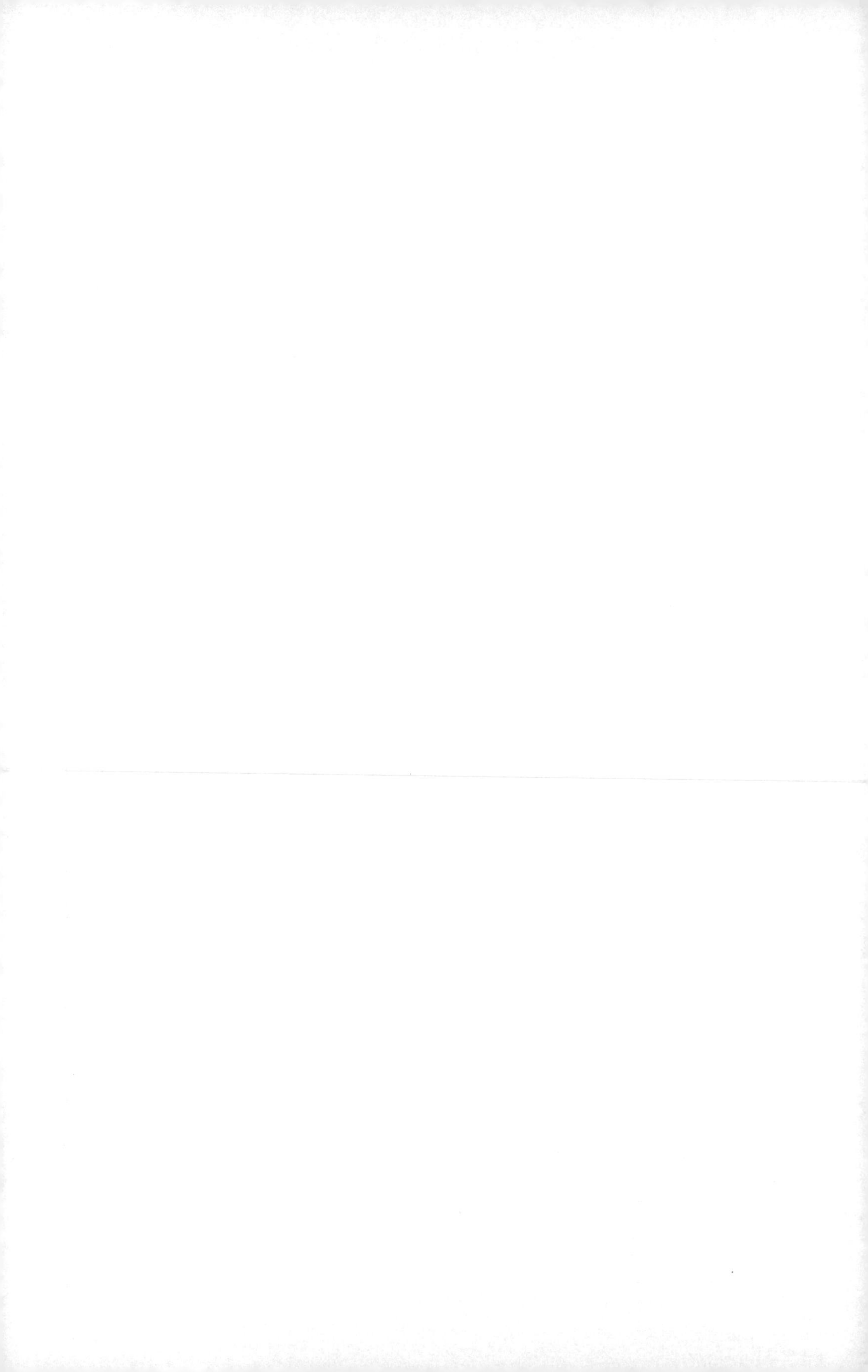

CATALOGUE DE LA VENTE

APRÈS DÉCÈS DE Mme DES H***

En vertu d'ordonnance enregistrée

RICHES BIJOUX

BOITES & TABATIÈRES ORNÉES DE BRILLANTS

Objets en cristal taillé

ÉMAUX — IVOIRES

Objets d'Art et de Curiosité

TABLEAUX, MINIATURES, GOUACHES

Porcelaines — Marbres — Bronzes

MEUBLES — VITRINES

HOTEL DROUOT, SALLE N° 1

Les Mardi 2, Mercredi 3, Jeudi 4, Vendredi 5 et Samedi 6 Juin 1896

A DEUX HEURES

COMMISSAIRE-PRISEUR	EXPERT
Me Paul FOURNIER	**M. VANNES**
3, boulevard Sébastopol, 3	54, rue du Faubourg-Montmartre, 54

EXPOSITION PUBLIQUE

Le Lundi 1er Juin 1896, de une heure et demie à six heures

CONDITIONS DE LA VENTE

La vente sera faite au comptant.

Les acquéreurs payeront *cinq pour cent* en sus des enchères, applicables aux frais.

L'exposition mettant le public à même de se rendre compte de l'état et de la nature des objets, aucune réclamation ne sera admise une fois l'adjudication prononcée.

ORDRE DES VACATIONS

Les Mardi 2 et Mercredi 3 Juin 1896
Bijoux, Tabatières, Boites.

Le Jeudi 4 Juin
Cristaux, Émaux et Ivoires.

Le Vendredi 5 Juin
Porcelaines, Marbres, Bronzes, Coffrets.

Le Samedi 6 Juin
Curiosités, Peintures, Objets divers, Meubles, Tentures.

Paris. — Imp. de l'Art, E. Moreau et Cie, 41, rue de la Victoire.

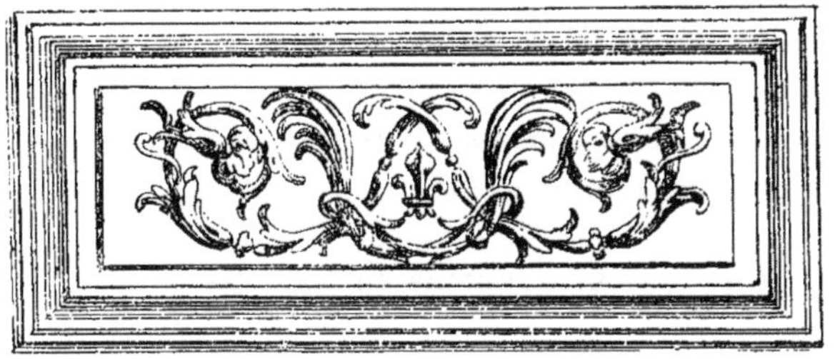

DÉSIGNATION SOMMAIRE

BIJOUX

1 — Paire de gros solitaires.

2 — Autre paire de gros solitaires.

3 — Paire de très gros solitaires surmontés chacun d'un petit brillant.

4 — Paire de dormeuses formées chacune d'une grosse perle cerclée de dix brillants.

5 — Paire de pendants d'oreilles, formés chacun d'un gros brillant entouré de deux cercles de brillants avec pendeloques et surmonté d'une petite dormeuse en brillants pouvant se détacher.

6 — Paire de pendants d'oreilles en or, forme nœud, montés de brillants.

7 — Paire de petits boutons en brillants.

8 — Paire de boucles d'oreilles, formée chacune d'une large table d'émeraude cerclée de douze brillants.

9 — Bague Louis XIII montée d'un brillant.

10 — Bague montée de treize brillants.

11 — Belle bague en or, montée d'un gros brillant teinté, cerclé de onze brillants blancs.

12 — Grosse bague-chevalière en or, montée d'un gros brillant, d'un rubis, d'un saphir; l'anneau de forme Renaissance est paré de brillants sur les volutes.

13 — Bague à deux anneaux, montée de trois grosses pierres : brillant, saphir et rubis. Les chutes et l'entre-deux des anneaux sont également montés de brillants.

14 — Bague montée d'un gros brillant teinté.

15 — Bague formée d'un gros saphir cerclé de quinze brillants.

16 — Bague grande-marquise, montée de deux
saphirs, d'un brillant et pavée de petits brillants
et de roses.

17 — Rivière sur velours, formée de soixante-
quatorze chatons carrés, à trèfles, montés chacun
d'un brillant et d'une rose.

18 — Autre rivière or et argent, formée de quatre-
vingt-quatre chatons ; cette pièce se démonte
pour former deux bracelets.

19 — Importante parure de corsage, formée d'une
branche d'églantines, sur laquelle se posent des
oiseaux guettés par une couleuvre enroulée, la
parure est pavée de brillants et de roses.

20 — Parure de corsage en brillants, formée de deux
marguerites reliées entre elles par des feuilles
et terminées par une fleur mi-ouverte.

21 — Belle broche Renaissance à volutes, piquée
d'une marguerite ; le tout est pavé de soixante-
quinze brillants.

22 — Broche en forme de trèfle, formée de tables
d'émeraude cerclées de brillants.

23 — Croissant en brillants.

24 — Broche Renaissance, montée or et argent, parée de brillants et de roses.

25 — Broche formée de trois croissants entrelacés, montée de brillants et de quelques roses.

26 — Broche en forme de glaive, ornée d'un saphir, six rubis, une émeraude et de brillants blancs et teintés.

27 — Bracelet églantine à feuillages, le tout monté de brillants et de quelques roses.

28 — Bracelet articulé, monté de treize perles reposant chacune sur une marquise pavée de brillants et séparées par des entre-deux de brillants piqués chacun d'un rubis.

29 — Bracelet formé de cent-deux chatons montés sur trois rangs articulés et ornés chacun d'un brillant.

30 — Châtelaine de forme Renaissance, avec une montre de dame. Ces deux pièces sont complètement pavées de brillants et de roses.

31 — Bracelet en or, monté d'un gros rubis cerclé de dix brillants ; chacune des chutes est garnie de six brillants.

32 — Beau bracelet en or et argent ciselé, de style
Renaissance, formé de six parties ajourées pavées de roses ; chaque partie feuillagée est ornée
d'un rubis, d'une émeraude, d'un brillant rose,
d'un saphir, rubis, d'un brillant jonquille.

33 — Bracelet en or, de style Renaissance, monté
de quinze rubis cerclés entourés et torsadés de
brillants et de roses.

34 — Bracelet articulé, la partie centrale est montée d'un œil de chat cerclé de dix beaux brillants, la monture est faite de vingt-six chatons
contenant chacun un brillant.

35 — Bracelet ajouré en or, de style Louis XVI ;
chacune des bandes alternées est montée de trois
brillants jonquilles ou de six brillants blancs, ou
de trois turquoises.

36 — Cachet fait de deux grosses améthystes, l'embase, en or émaillé blanc et bleu, est à volutes,
têtes de lions, statuettes, et enrichie de brillants,
rubis et cabochons d'émeraude.

37 — Parure en améthystes et brillants, composée
d'une broche à pendeloques et de deux boucles
d'oreilles.

38 — Deux dormeuses montées chacune de neuf brillants.

39 — Deux pendentifs de feuillages en roses et brillants.

40 — Deux pendants en or montés chacun d'un brillant forme briolette, entouré de petits brillants.

41 — Montre, style Louis XVI, pavée de roses.

42 — Châtelaine et sa montre en or, repercées, enrichies de brillants et de roses.

43 — Bague-chevalière montée d'un beau rubis, deux gros brillants et de dix-huit brillants répartis sur les chutes.

44 — Bague-chevalière montée d'un gros brillant ovale, avec entourage en brillants.

45 — Bague ronde faite d'une table d'émeraude cernée de deux rangs de brillants.

46 — Bague à trois anneaux avec entre-deux, montée d'une perle, de huit brillants et de roses sur les chutes.

47 — Bague à trois anneaux, montée d'une émeraude, de brillants et de roses.

48 — Bague-marquise en brillants.

49 — Bague-marquise montée de roses anciennes.

50 — Bague en forme de point d'interrogation, montée de rubis et de brillants.

51 — Broche en forme de point d'interrogation, montée de gros brillants et de tables de rubis.

52 — Bague repercée, ajourée, montée d'un saphir, de deux brillants et de roses.

53 — Bague montée d'un brillant jonquille et de deux blancs.

54 — Croix en or, montée de sept brillants.

55 — Papillon en brillants et roses.

56 — Abeille en or, le corps est fait d'une perle grise, le corselet d'un brillant, les ailes déployées sont pavées de roses, de rubis et d'émeraude.

57 — Broche forme boucle de ceinture, montée de brillants blancs.

58 — Éléphant fait de roses, le caparaçon est orné de pierres de couleurs.

*

59 — Broche-feuilles de chêne, en roses et perles.

60 — Broche-barette, en brillants et saphirs.

61 — Broche-étoile, en grenats, brillants et roses.

62 — Bracelet-gourmette articulé.

63 — Bracelet en or émaillé, à boucles, enrichi de quatorze perles, de brillants et de cabochons d'émeraude.

64 — Large bracelet en or à sept parties articulées; cinq d'entre elles sont enrichies d'un cabochon cerclé de roses, avec deux brillants en bouts.

65 — Large bracelet en or repercé, monté de trois gros cabochons d'émeraude, enrichi de douze brillants et de cabochons de rubis.

66 — Broche faite d'une tête de femme en aigue marine, taillée en camée et cerclée de brillants blancs.

67 — Broche ronde formée d'une perle de Panama, entourée de brillants et de tables d'émeraudes, le pendentif est fait d'une perle forme poire attachée par deux brillants.

68 — Broche en or faite d'un gros cabochon de saphir astérié serti de quatre petits brillants.

69 — Bracelet-gourmette en or, enrichi d'un médaillon de brillants formant l'entourage d'un gros cabochon en pierre de lune.

70 — Broche en or représentant une levrette, la tête est en aigue marine, le collier et le paletot sont cerclés de roses.

71 — Deux bracelets de Siam en or enrichis chacun d'un brillant, de rubis et d'émeraudes.

72 — Bague en or, à neuf chatons montés de brillants.

73 — Bracelet-gourmette en or.

74 — Épingle à chapeau représentant une tête de négresse intaillée dans un camée à trois couches, les yeux sont incrustés d'éclats de roses, le collier et le tour de tête sont faits de rubis et de roses, le corsage est émaillé.

75 — Montre-mignonnette en or émaillée de chez Leroy, avec sa chaîne torsadée en or enrichie de perles.

76 — Curieux cachet en or émaillé, et à musique,
se remontant par le pendant.

77 — Montre de dame en or émaillé, de style
Louis XVI, à carillon.

78 — Petite montre-savonnette plate, à fond gravé
et à parties émaillées.

79 — Un cachet et une clé de montre en or, de
style Louis XIII, avec cristaux taillés.

80 — Deux bagues-marquises à montres en or,
ornées de roses.

81 — Châtelaine en argent doré faite de deux portraits peints sur émail, avec corbeille fleurie et
branchages, le tout orné de jargon et de pierres
de couleurs, la montre à fond émaillée d'un portrait est en or.

82 — Autre châtelaine en argent, ornée de jargons et
de pierres de couleurs, avec sa montre en or à
fond repercé.

83 — Autre châtelaine en argent, ornée de jargons,
de pierres de couleurs, de deux médaillons peints
sur émail, et de sa montre en or cerclée d'éclats
de roses.

84 — Châtelaine en argent et stras, avec médaillon peint sur émail ; la montre en or est décorée d'une scène, d'après Watteau, sur émail.

85 — Châtelaine et sa montre, style Louis XIII, en argent repercé et émaillé.

86 — Châtelaine et sa montre en argent, de style Louis XIV, avec émaux peints de scènes mythologiques.

87 — Parure marine à dauphins sur coquilles, avec roses et perles.

88 — Neuf bagues en or et deux boucles d'oreilles, de style Louis XVI, ornées de portraits peints et de pierres de couleurs. (Ce lot sera divisé.)

89 — Lot de bijoux divers en or et argent : trois châtelaines, trois chaines, cinq bagues, deux flacons à odeurs, deux bourses, une cuillère émaillée.

90 — Broche, style Louis XVI, ornée d'une gouache.

91 — Médaillon en argent doré, orné d'un portrait de dame en émail.

BOITES, TABATIÈRES

92 — Boite en or émaillée en couleur et en plein,
enrichie de quatre brillants aux angles et de
quarante-sept brillants formant un losange enca-
drant une fleur.

93 — Boite chantournée en or, gravée, émaillée en
plein, le couvercle est enrichi d'une miniature
ovale : portrait de Mme de Montesson, signée à
gauche du nom de Vestier ; le médaillon et les
branchages qui l'entourent sont piqués de brillants et de roses.

94 — Boite ovale chantournée en or, émaillée rose
sur le couvercle, pavé et enrichi d'un double
entourage de brillants et de roses ; le champ de
la boite et le fond sont émaillés en vert vermi-
cellé, avec réserves de bouquets de fleurs en
camaïeu ; l'intérieur du couvercle est de même
décor.

95 — Boite oblongue en or, chantournée, gravée et
guillochée ; le couvercle est orné du portrait en
médaillon d'un bey de Tunis, cerclé de brillants
de roses, ainsi que les six étoiles qui l'entourent.

96 — Boîte ovale en or, style Louis XVI ; le dessus du couvercle, émaillé bleu en plein, est enrichi d'une étoile rayonnante en brillants et roses ; le champ et le fond sont émaillés en couleur, à réserves, et semés de bouquets et de branches de fleurs.

97 — Drageoir en spath fluor, monté en or ciselé et gravé ; le couvercle est orné d'une corbeille de fleurs en pierres de couleurs.

98 — Boîte en or, à émaux de couleurs ; le couvercle est décoré d'une miniature, de style Louis XIII, représentant l'heureuse mère, et, le fond, d'un médaillon à cœur et à guirlandes. Travail suisse.

99 — Boîte en or, de style Louis XVI, gravée, guillochée ; le couvercle est monté d'une tête de femme taillée dans un camée.

100 — Boite ronde en porphyre, cerclée en or, avec une mosaïque représentant un empereur romain.

101 — Boite ronde en buis, ornée d'une miniature d'enfant, l'intérieur est garni en or.

102 — Étui en vernis, genre Martin.

103 — Lot de bijoux divers montés de stras et de pierres de couleurs. (Sera divisé.)

OBJETS EN CRISTAL TAILLÉ

ET ÉMAILLÉS

104 — Coupe en cristal gravé, forme coquillage, montée en argent doré et émaillé, de style Louis XIII.

105 — Autruche en cristal gravé, conduite par une négresse, en métal argenté; la monture, émaillée et ornée de pierres de couleurs, est niellée et en argent doré.

106 — Aiguière trilobée et son plateau, en cristal gravé, monture argent doré niellé et émaillé.

107 — Coupe en cristal gravé, monture en argent doré niellé et émaillé; le pied est orné de dauphins.

108 — Plateau en lapis, la monture en argent doré, émaillé, est semée de mascarons.

109 — Paon en cristal taillé et gravé, la queue déployée, le pied est en cabochon de cristal, la monture est d'argent émaillé et doré.

110 — Important groupe représentant l'Enlèvement

de Déjanire par le centaure Nessus ; le centaure est en cristal, la monture et la statuette de Déjanire sont en argent doré et émaillé.

111 — Hippogriphe en cristal gravé, monté en argent doré et émaillé.

112 — Calvaire sur un pied en cristal gravé, à monture en argent émaillé et doré.

113 — Tortue en cristal gravé, formant coffret, avec plate-bande peinte sur émail. La monture est en argent doré et émaillé.

114 — Buire en forme de colimaçon, en cristal taillé. L'anse et la monture sont en argent doré, niellé et émaillé.

115 — Globe céleste, formant coffret, en cristal étoilé, monté sur une statuette d'Atlas. La monture, décorée des douze signes du Zodiaque, est en argent doré et émaillé.

116 — Double coupe en cristal, monture argent doré, gravé et émaillé, avec plate-bandes en émail peint. Travail viennois.

117 — Paire de buires en lapis lazuli, montées d'émaux translucides, pièce en argent doré et niellé.

118 — Coffret rectangulaire, en lapis lazuli et argent, surmonté d'une statuette de fou, orné d'une
perle baroque. La monture est en argent doré,
gravé et émaillé.

119 — Petite coupe ronde en cristal taillé, montée
sur un amour, à plate-bandes émaillées sur fond
rose de scènes mythologiques.

120 — Coupe ovale, en cristal gravé, montée sur une
chimère ailée, tenant un écusson ; les plate-
bandes sont peintes, sur émail plein, de scènes
mythologiques.

121 — Coupe en forme de caravelle, en cristal gravé
de scènes marines : sur le pont, formant couvercle, Christophe Colomb, debout, entouré de matelots, regarde la mer ; cette pièce repose sur
une naïade assise sur un dauphin ; l'embase est
en cristal gravé ; la monture est en argent doré,
repercé et émaillé. Travail allemand.

ÉMAUX DIVERS

122 — Coupe en coquillage formant caravelle : Christophe Colomb est debout, entouré de matelots.
Cette coupe est portée par un triton. Monture en
argent repercé, gravé et doré.

123 — Hippogriphe couronné, en émail de Vienne,
supportant une statuette d'amour, et semé de
pierres de couleurs.

124 — Baiser de paix, en argent doré, avec figures
peintes sur émail de la Vierge et l'Enfant Jésus.
Travail allemand.

125 — Paire de buires, en émail à fond bleu, genre
de Limoges, ornées des portraits en camaïeu de
Charles IX et d'Élisabeth.

126 — Chasse en émail, en forme de maison, genre
de Limoges, dans le goût du xive siècle.

127 — Aiguière trilobée et son plateau, en émail de
Vienne, peint de scènes mythologiques ; monture en argent doré.

128 — Éléphant en émail blanc, conduit par son cor·
nac, monté sur une terrasse en lapis ; le caparaçon, émaillé en couleurs, est décoré d'une montre et surmonté d'une statuette de nabab.

129 — Coupe marine, en émail de Vienne, peinte de
scènes mythologiques : à l'intérieur, la Naissance
de Vénus ; à l'extérieur, le Triomphe de Vénus ;
elle est montée sur une statuette de faune em-
portant des poissons.

130 — Corne d'abondance, montée sur une statuette
d'Hercule. Travail allemand.

131 — Grande coupe, en forme de coquillage, supportée par une statuette assise sur un rocher ;
deux amours forment l'anse de la coupe.

132 — Coupe ronde à couvercle, peinte en grisaille
sur fond noir. Genre de Limoges.

133 — Deux bougeoirs émaillés. Genre de Limoges.

134 — Plateau peint en grisaille de sujets allégoriques. Genre de Limoges.

135 -- Petite coupe vide-poches, à anses, peinte à
l'intérieur de scènes champêtres ; monture en argent doré.

136 — Tryptique représentant la naissance de Jésus,
en émail de Limoges.

137 — Petite pendule, en argent doré et émaillé,
supportée par un ibis; socle à médaillons peints.

138 — Deux statuettes sur socles : Polichinelle et
Arlequin.

139 — Petit coffret en bois noir, à colonnettes, de
forme Louis XIV, décoré de plaquettes d'émaux
en couleurs.

140 — Cabinet, de forme architecturale, plaqué d'é-
caille, orné de quatre statuettes, d'appliques d'é-
coinçons et de mascarons émaillés en couleur.

141 — Statuette du chevalier Lohengrin, debout dans
une coquille tirée par deux cygnes; le tout
émaillé en couleur. Travail allemand.

142 — Coffret en argent doré, surmonté d'une horloge et de deux statuettes, orné de plaquettes
d'émaux peints de pastorales dans le goût du
XVIIIᵉ siècle.

143 — Petite buire en émail, genre de Limoges.

144 — Deux plaques, représentant une femme en

costume du XVIᵉ siècle et un reitre. Travail
suisse.

145 — Deux têtes de jeunes femmes peintes sur
fonds translucides.

146 — Deux peintures en émail : enfants, papillons.

147 — Un plat, genre de Limoges : portrait d'enfant
dans l'ombilic, entouré de quatre têtes d'empe-
reurs romains.

148 — Porte-notes en émail de Genève : un chasseur
sonnant de la trompe et attributs.

149 — Horloge, de style Renaissance, portée sur un
chameau, à plate bande peinte sur émail de
scènes mythologiques ; monture en argent repercé, gravé, doré et émaillé.

150 — Horloge de forme monumentale, à quatre
faces, en argent doré, de style Renaissance ; la
base repose sur quatre sphynx ; la partie supé-
rieure, formant cabinet, est décorée de plaques
en émail peintes : du Triomphe de Bacchus sur
la face, d'Hercule terrassant l'Hydre de l'Erne,
du Repas de Jupiter et de Mercure chez Philé-
mon et Baucis sur les côtés ; puis, sur l'autre
face, du sacrifice d'une vestale ; le campanile

décoré d'émaux peints est décoré d'un clocheton
portant un Amour. La pièce est en argent doré,
repercé, et chargée d'émaux de couleurs. Travail
allemand.

151 — Ours tenant un écusson ; monture en argent
doré et émaillé.

152 — Deux japonaises, peintures en émail.

153 — La Chasse au faucon.

154 — Jeune femme entourée d'Amours, d'après
Voillemot.

155 — L'Enfant au capucin.

156 — Enfant au chapelet en costume Louis XIII.

157 — Deux pastorales, dans le goût du xviiiᵉ siècle.

158 — La Source, d'après Boucher.

159 — Grand triptyque en émail : la Crucification.

160 — Tortue formant drageoir en émail de Vienne.

161 — Deux bouteilles en cuivre émaillé de la Chine.

162 — Petite aiguière en forme de coquillage. Travail allemand.

163 — Petite toilette et deux fauteuils à horloges émaillés ; monture bronze doré et gravé ; à musique.

164 — Plaque en émail de Limoges, représentant Gaston de Foix.

165 — Statuette de montagnard suisse.

IVOIRES

166 — Coffret rectangulaire en ébène, orné sur le
côté de plaquettes, dans le goût du xive siècle.

167 — Coffret rectangulaire, de style Renaissance,
orné de plaquettes représentant différentes phases
de l'histoire de Diane ; le couvercle est surmonté
d'une statuette et semé d'entrelacs.

168 — Important cipe en ivoire : sculpté de tritons
et de naïades en relief.

169 — Autre cipe, de style Renaissance.

170 — Vidrecome, de style Louis XIII, en ivoire :
scène de camp ; monté en argent doré ; mous-
quetaire sur le couvercle.

171 — Deux statuettes : chasseurs de vautours. Travail allemand.

172 — Statuette équestre de Henri IV, en bronze
ciselé et doré, et ivoire ; le cheval reposant sur
un socle en marbre est fait de sept parties en
ivoire.

173 — Deux plaquettes en ivoire sculpté et gravé, représentant Louis XIV et Marie-Thérèse.

174 — Bas-relief: les Joueurs. Travail allemand.

175 — La Résurrection de Jésus-Christ, pièce] en ivoire à personnages, de style Louis XIV.

176 — Pièce d'ivoire, représentant Cybèle dans un char romain attelé de deux lions guidés par l'Amour.

177 — Statuette de Cérès, en bronze ciselé et doré; la tête et les mains sont en ivoire.

178 — Deux statuettes : Savoyard et Vielleuse.

179 — Minerve dans un char romain lauré, attelé de deux chevaux.

180 — Deux statuettes : Montreurs de marmotte et d'oiseau.

181 — Deux statuettes d'enfants à mi-corps.

182 — Pièce de cachet: buste de jeune garçon.

183 — Important vidrecome en ivoire, représentant le festin de Diane. Travail allemand.

184 — Groupe, l'enlèvement de Déjanire par le centaure Nessus.

185 — Cabinet de forme architecturale, en ivoire, orné de colonnettes de lapis aux angles; le faîte est semé des groupes de statuettes et de cygnes en métal émaillé en couleurs; ce cabinet est décoré sur les quatre faces et dans l'intérieur de plaquettes d'émail en camaïeu rouge, représentant des scènes tirées de la Mythologie. Travail viennois de style Renaissance.

186 — Plaquette, de style Louis XIV, appliquée sur la porte en argent gravé d'un petit monument en marqueterie genre Boule, à colonnettes; l'intérieur renferme une miniature de femme.

187 — Un polyptique et trois tryptiques à volets, de styles gothique, Louis XIII et Louis XIV.

188 — Deux cadres, de style Renaissance, à cariatides, frontons et mascarons, contenant chacun une miniature.

189 — Grand olifant en ivoire repercé, sculpté de nombreuses scènes de la vie chinoise.

190 — Statuette de Diane, d'après l'antique.

191 — Buire en ivoire, style Renaissance. Travail de Dieppe.

192 — Quinze pièces diverses. (Sera divisé.)

MARBRES, BRONZES

193 — Importante garniture de cheminée, de style
Louis XIV, en cuivre poli. Une pendule et deux
candélabres. La pendule, en forme de pyramide,
surmontée d'un soleil, est flanquée de deux statuettes de sauvages.

194 — Statue en marbre : jeune fille en chemise,
buvant la rosée au calice d'un volubilis.

195 — Garniture de cheminée faite de vases japonais
montés en bronze doré.

196 — Garniture de foyer, de style Louis XVI, en
bronze doré.

197 — Deux lampes en porcelaine décorée, montées
en bronze doré.

198 — Deux vases en porcelaine, genre Sèvres,
fond gros bleu, montés en bronze.

199 — Statue en bronze argenté : Élisabeth d'An-
gleterre.

200 — Deux pare-étincelles en bronze doré.

201 — Deux groupes en bronze : les chevaux de
Marly.

202 — Soixante-cinq piéces : petits bronzes, cachets,
coupes, statuettes, groupes, etc.
Ce lot sera divisé.

203 — Pendule de l'Empire, en marbre blanc, à
pilastres, garnie de bronzes dorés au mat.

204 — Pendule, style japonais, en forme de tam-
tam, à pilastres supportés par des éléphants,
bronze niellé.

205 — Paon en bronze niellé.

206 — Deux vases en bronze du Japon.

207 — Petite pendule, de style Empire : le char de
Mercure.

208 — L'enfant au coq. Bronze.

209 — Garniture de cheminée : une pendule, deux
flambeaux, en bronze doré, à parties émaillées,
et parsemés de cabochons de pierres de couleur.

210 — Buste d'enfant en marbre italien : l'orfanella.

211 — Buste en marbre : la femme au papillon.

212 — Deux bustes de femmes en terre cuite.

213 — Pendule mystérieuse, bronze doré.

214 — Buste, marbre : jeune fille en costume Renaissance.

215 — Pendule Empire, en marbre blanc, supportée par des colonnes cannelées en marbre noir, ornée de bronzes dorés; la pendule est surmontée d'une renommée.

216 — Sujet Empire : amour jouant de la harpe; monture bronze doré.

PORCELAINES

217 — Deux importants groupes en porcelaine de
Saxe : la déclaration, l'heureuse mère.

218 — Statuette d'Esméralda, en Saxe.

219 — Statuette de Cérès, en Saxe.

220 — Carosse avec personnages, porcelaine de
Saxe.

221 — Deux vases, style Louis XVI, à têtes de
femmes et draperies en rose Dubarry.

222 — Cinq pièces en porcelaine fond bleu, genre
de Sèvres : deux amours porte-bouquets, une
bergère, une baigneuse et un amour.

223 — Deux statuettes allégoriques : le fleuve et la
rivière, en vieux blanc de Sèvres.

224 — Léda, en porcelaine de Saxe.

225 — Groupe de deux personnages, en porcelaine
de Saxe, sous un berceau, en bronze doré, agré-
menté de fleurs en porcelaine.

226 — Le char de la nuit, en Saxe.

227 — Quatre vases en porcelaine, genre de Sèvres, fond gros bleu ; montures en bronze doré.

228 — Bénitier en porcelaine, genre de Sèvres.

229 — Groupe de trois personnages, en porcelaine de Saxe : le jeu de tric-trac.

230 — Deux vases cannelés, style Louis XVI, en porcelaine, genre Sèvres, décorés d'amours sur les côtés.

231 — Deux vases, genre Sèvres, fond rose Dubarry, à médaillons peints de pastorales et de fleurs.

232 — Un petit meuble, en faïence, genre de Marseille, sur colonnettes cannelées.

233 — Petit meuble-cabinet, en porcelaine, genre de Sèvres, de style Louis XV, fond gros bleu, à panneaux peints sur blanc.

234 — Plaque, en porcelaine de Vienne, dans un cadre de style Louis XIII.

235 — Deux cent vingt pièces en porcelaines diverses : statuettes, coffrets, vases, déjeuners, flambeaux, flacons à odeurs, objets d'étagère, etc., etc.
Ce lot sera divisé.

COFFRETS DIVERS

236 — Coffret en bronze patiné et doré : scènes de
la vie japonaise.

237 — Coffret, de style Renaissance, en argent doré,
ciselé, gravé, orné de statuettes aux angles, de
cabochons de pierres de couleur ; le couvercle
est surmonté de deux petits tritons et d'un buis-
son aquatique.

238 — Coffret en bronze doré, monté de plaques de
malachite.

239 — Coffret en porcelaine de Vienne.

240 — Coffret rectangulaire en argent doré émaillé,
et monté de plaques en onyx oriental.

241 — Coffret-encrier, monté de plaques de porcelaine décorées dans le genre de Sèvres.

242 — Deux petits coffrets en bronze doré.

243 — Coffret-cabinet en bois noir, gravé de plaquettes émaillées et de petites statuettes d'amours,
de guerriers et de Renommées en bronze doré.

244 — Boîte en noyer sculpté. Travail normand.

245 — Boîte en laque du Japon burgautée.

246 — Coffret rectangulaire en bois noir, orné de plaques peintes sur émail de sujets relatifs à l'histoire d'Alexandre.

247 — Coffret en malachite, style gothique, monté en bronze doré et orné aux angles de quatre statuettes en ivoire.

248 — Coffret rectangulaire en bronze argenté et doré, de style Renaissance, avec cariatides aux angles ; le couvercle, à entrelacs, est surmonté d'un petit amour assis sur une sphère céleste.

249 — Deux coffrets rectangulaires en porcelaine, genre de Sèvres.

PEINTURES, GOUACHES. MINIATURES

250 — Grand tryptique représentant l'Adoration des
Mages, d'après Quentin Metsy.

251 — Peinture sur panneau, d'École italienne, représentant un festin royal.

252 — Pastorale. Gouache.

253 — Triomphe de Vénus, de E. Solié. Gouache.

254 — Environ soixante miniatures diverses.
Ce lot sera divisé.

255 — Environ soixante-dix lithographies, gravures,
pièces sous verre, etc.
Ce lot sera divisé.

256 — Deux portraits d'École française, d'époque
Louis XIV. Cadres dorés en bois sculpté.

257 — Trois portraits ovales, dont un de Cazenave.

258 — Quinze tableaux divers.
Ce lot sera divisé.

MEUBLES

259 — Grande vitrine en bois de violette à quatre
portes et à fronton, ornée de cuivres.

260 — Coffre de mariage en marqueterie genre de
Boule, de style Louis XV.

261 — Grand coffre de mariage et sa table en bois
de rose, de style Louis XV, garni de bronzes
dorés et de plaques en porcelaine, genre de
Sèvres.

262 — Bureau à dos plat avec cabinet à galeries,
garni de nombreuses plaquettes peintes sur
émail. Travail allemand.

263 — Table à bijoux, de style Louis XV, en vernis
genre de Martin.

264 — Vitrine à colonnes en bois noir, à fronton
cintré, à un vantail, et décorée de plaquettes
peintes sur émail. Travail allemand.

265 — Deux gaines, formant vitrines, en peluche
rubis.

266 — Guéridon en bronze, le plateau, orné de masques japonais, est orné au centre d'un paon en émail cloisonné du Japon.

267 — Deux tables hollandaises en marqueterie, de style Louis XV.

268 — Guéridon en bronze, monté d'un plateau en porcelaine de Chine, à personnages.

269 — Trois tables basses, rondes, ornées de burgaus et d'ivoire. Travail oriental.

270 — Quatre tabourets supportés par des nègres.

271 — Psyché, d'époque empire, en acajou et bronzes.

272 — Table ronde Louis XVI avec marbre et galerie.

273 — Table à bouillotte en acajou, style Louis XVI.

274 — Écran, style Louis XVI, en bois noir et or gravé d'un fucksas japonais.

275 — Table en bronze doré, colonnes à statuettes, décorée de plaques en porcelaine, genre Sèvres. Style Louis XVI.

276 — Deux consoles, style Louis XVI, en bois
sculpté et doré.

277 — Bureau de dame, en bois noir gravé, à cabinet, et orné de plaques en porcelaine peintes.

278 — Table à tiroir, rectangulaire. Travail hollan-
dais.

279 — Deux vitrines acajou avec marbres.

280 — Vitrine en acajou, style Louis XVI, à une
porte à glace biseautée : intérieur en peluche
rouge.

281 — Grande vitrine à deux portes en acajou, de
style Louis XVI, ornée d'une bande d'oves et
d'un bouquet au fronton en bronze doré.

282 — Grande table rectangulaire, à pans coupés, en
bois de rose, montée sur un piéd orné de statuettes d'amours en bronze doré. Le plateau de
la table, à galerie de perles, est incrusté de plaques de porcelaines, genre de Sèvres, décorées
dans le goût du XVIIIe siècle.

283 — Vingt-deux meubles divers : petites tables,
écrans, consoles, etc.
Ce lot sera divisé.

ÉTOFFES, TENTURES

284 — Trois portières en satin bleu ciel brodé au passé et au plumetis de fleurs et d'oiseaux. Travail chinois.

285 — Broderies diverses.
Ce lot sera divisé.

286 — Lot de coussins brodés.

287 — Quantité d'objets non catalogués.

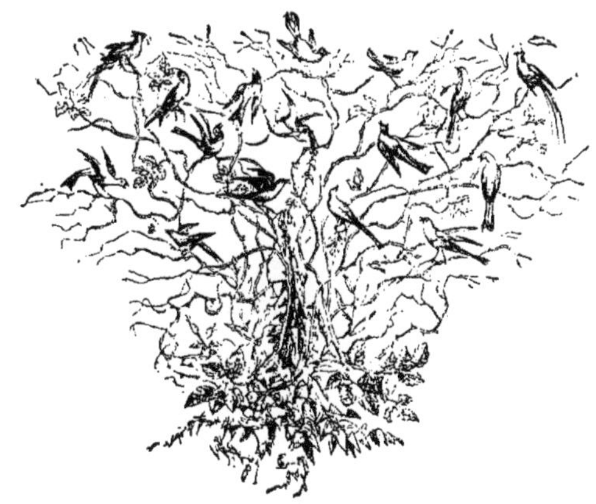